LETTRES
DE MESSIEVRS
RIVET, DE LA MILLETIERE ET DV MOVLIN.

A SEDAN,
Par IEAN IANNON Imprimeur de l'Academie.

M. DC. XXXV.

PREMIERE LETTRE de Monsieur Riuet à Monsieur de la Milletiere.

MONSIEVR,

Vn homme notable en ce pays de vos amis & des miens me mandant qu'on luy escriuoit de Paris que vous auiez fait banqueroute à la verité, & que pour dőner trop à l'homme vous oubliez ce que vous deuiez à Dieu, i'en receus vn tel estonnement que ie fus quelques iours sans me pouuoir resoudre sur cela. Depuis i'en ay appris quelques circonstances, lesquelles ne diminuent pas mon regret, mais elles y adioustent de la crainte que vous vous rendiez vn instrument plus dangereux que les aduersaires declarez, deschirant ainsi les entrailles de celle que vous faites profession de recognoistre pour mere, sous pretexte de la medeciner, & quittant aux ennemis les plus forts retranchemens qu'elle ait pour iustifier sa separation, qui n'est pas les ramener à nous, mais nous tirer à eux pieds & poings liez. Ie n'ay point veu vostre escrit, mais selon qu'on m'en parle, il m'est impossible d'en conceuoir vn bon dessein, & ma charité ne se peut porter iusques là : Si fait bien à prier Dieu qu'il ne permette point qu'ayant commencé par l'esprit vous finissiez par la chair, & que vous ne donniez matiere d'attribuer vostre perseuerance parmi vos afflictions à vn autre que celuy de son Esprit. Ie sçay qu'en ceux qui sont siens ses dons & sa vocation sont sans repentance. Mais il cognoist les cœurs de tous les hommes, & descouure les paroles equiuoques & les actions ambigues. Pensez bien en vous mesmes, Monſieur, de quel eſprit vous eſtes mené. Vous ſçauez aſſez qu'il y en a vn qui ſe deguiſe en Ange de lumiere, qui luy-meſme a eſté Ange de lumiere en effect, & s'eſt precipité dans les tenebres. *Nemo repentè fit turpiſſimus.* Vous vous pourrez flatter au commencement d'vne belle eſperance ſur laquelle vous poſerez des fondemens qui vous tromperont, & alors vous ſerez en danger de renuerſer du tout le vray fondement. Quand on ſe met dans le penchant, on ne s'arreſte pas quād on veut, meſme en ce fait on ceſſe de vouloir, & on ſe precipite gayement. Ie ſçay bien que vous ne manquez pas de bons aduis où vous eſtes, moins de bonnes & ſalutaires admonitions, & que les miennes n'entreront pas en grande conſideration, ſi vous n'eſtes touché de tant d'autres plus proches & plus propres. Neantmoins i'ay creu deuoir ce coup de plume à noſtre ami, tié, & ayant esté de ceux qui ont compati aux afflictions qui vous pourroyent estre vtiles & salutaires, ie ne puis que ie ne m'interesse en la ruine de vostre reputation, & en la subuersion de vostre ame, si vous demeuriez en ce chemin. Ie me veux encores persuader choses meilleures de vous, & vous coniure au nom de Dieu de vous ouurir en sa presence, & vous representer qu'il voit dans les cachettes & replis de vostre cœur, si vous donnez plus aux hommes qu'à luy, & si vous ne pensez point trop à la terre en parlant des choses celestes, qu'on dit que vous rendez si materielles. Souuenez-vous, Monsieur, que nous auons vn conte à rendre hors de ceste vie, auquel nos speculations & nos deguisemens ne seront point de mise. C'est ce qui me fait parler à vous en ceste sincerité de cœur en laquelle ie prie Dieu qu'il rallume ses dons en vous, &

vous retienne par la force de son Esprit, pour ne laisser eschapper le vostre hors de sa voye. Et sur l'esperance que i'ay qu'il vous y remettra, ie demeure,

MONSIEVR,

Vostre tres-humble & tres-affectionné seruiteur
ANDRÉ RIVET.

De la Haye le 20. Nouembre 1634.

RESPONSE DE MONSIEVR de la Milletiere à la premiere lettre de Monsieur Riuet.

MONSIEVR,

Ie ne puis que vous remercier auec vn ressentiment de grande obligation pour la bonne & Chrestienne affection que vous me tesmoignez par vos lettres, encores que par la grace de nostre Seigñr Iesus Christ ie soye aussi loin du suiet qui vous les a fait eſcrire en ces termes, que le ciel eſt de la terre, ou pour mieux dire encore des enfers. L'amour eſt touſiours plein de ſollicitude & de crainte, c'eſt ce qui vous a ainſi animé ſur ce faux rapport & ſur le iugement aueugle que tous font du petit eſcrit que i'ay mis au iour, & dont perſonne ne comprend ny la fin ny la raiſon, & neantmoins tous l'interpretent comme s'ils l'entendoyent. Si la crainte & l'eſtonnement qui regnent par trop parmi nous, & dont le principe en la plus grand' part n'eſt pas bon, venant de la chair & par le defaut de ſentir aſſez viuement la vertu de l'Euangile, (qui eſt ce que l'Apoſtre appelle aux fideles vn eſprit non de crainte, mais de courage & de ſens raſſis) ne precipitoyent nos iugemens, la charité ſans doute feroit mieux ſon office, & i'en aurois en ce ſuiet reſſenti dauantage l'effect en mes freres. Car encores que d'abord auoir proposé, comme i'ay fait, des theses dont ie requiers pour vne voye d'accommodement l'affirmatiue de la part des Euangeliques, qui ont iusques icy tenu la negatiue, ne puisse paroistre autre que paradoxe. Toutesfois qui considere de sens rassis la condition sous laquelle ie propose de les faire receuoir, qui est l'esclaircissement d'vne verité si certaine, que nul ne la heurtera, ne l'esbranlera, ny la renuersera iamais : il me semble qu'il doit soustenir son iugement, & considerer la chose plus attentiuement, & s'il ne peut entrer dans la preuue que i'ay promise, attendre au moins patiemment que ie les produise. Or auois-ie sur tout à desirer cela de ceux qui me cognoissent particulierement, & qui ont veu en ma vie, en ma conuersation, en mes souffrances, l'espreuue de ma foy & de l'esprit du Seigneur Iesus. Ceux qui quittent le ciel pour la terre n'ont iamais esté bourgeois du ciel,& ceux qui le ſont, ont meilleure cognoiſſance les vns des autres. Ceſte desfiance ſubite, ceſte humeur prompte de condamner n'en eſt point. L'Apoſtre qui ſçauoit bien que c'eſt de l'affection, dit que la charité croit tout. Si elle euſt fait ſon office en ceux qui ont iugé de moy, ils euſſent creu ces paroles qu'ils liſoient en mon eſcrit, *Ipſe in Euangelicis lubens nomen profiteor meum, nec ab eorum communione Attalicis conditionibus dimoueri me patiar* : dites encores au lieu où elles eſtoient dites, la charité dont parle Sainct Paul, & qui parloit en luy, les euſt creuës : & n'euſt pas pour vne choſe paradoxe & non entendue, prononcé temerairement toute à l'heure, ceſt homme va faire banqueroute à la verité, ſur tout recognoiſſant que i'eſtois homme qui de la verité n'ay iamais fait banque. Car le pis eſt que ceux qui ont le plus chaudement & le plus hautement parlé ainsi de moy, sont gens à qui l'Euangile donne du pain, & qui n'ont pas consideré que l'Euangile me l'a osté en toute ma vie, dont tous les mouuemens & toutes les actions ont rendu tesmoignage que par la grace de mon Dieu i'ay vrayement quitté le monde pour suiure Christ. Or auec ce iugement de la charité il n'eust pas esté malaisé, ce me semble, de faire quelque reflexion sur les propositions de mon escrit, que l'anticipation d'esblouissement n'a permis à personne de faire. Sur cela de la primauté de S. Pierre, que n'ont-ils consideré, au moins cest homme ne parle, ny de puissance vniuerselle en l'Eglise, ny de monarchie: l'esclaircissement qu'il promet, feroit-il point que ces consequences ne suiuroient point des trois propositions qu'il veut que nous affermions? Ou s'il fait que leur verité aneantisse les consequences, quel dommage aurions-nous, ou plustost quel aduãtage n'aurions-nous point de les affirmer, & en les affirmant de mettre fin à toute dispute, ne restant plus de defense pour les consequences que nous en craignons? De mesme sur le suiet de l'Euchari-stie, il ne met point en auant que nous affirmions qu'vn corps peut estre en deux lieux, & que les accidens peuuent demeurer sans suiet: l'esclaircissement qu'il veut dõner, destruiroit-il point ces consequences, & par la verité qu'il veut monstrer, n'en osteroit-il point toute subsistance & toute raison de les croire ? En ce cas quel preiudice nous seroit-ce de les affirmer? Vous sçauez, Monsieur, quelle difference il y a entre croire par coustume, ou par raison. A ceux qui croyent par coustume, quand on heurte ce qu'ils croyent, leur seule passion s'y oppose. A ceux qui croyent par raison, leur iugement agit, & ils considerent

derent toutes les circonſtances de la choſe. Or ay-ie promis que lors que les Euangeliques ſouſſigneront ce que i'ay eſcrit, ie le tiendray & l'accompliray, Dieu aydant. Et ie vous aſſeure, Monſieur, que vous en ſerez vn des premiers, & de ceux qui diront, Ceſt homme auoit ſes penſees bien eſloignees de celles que nous auions de luy. Cependant ie ne laiſſe de vous rendre grace derechef de la bonne affection que ce faux principe a eſmeu en vous pour moy, vous ſuppliant de me la conſeruer touſiours comme à celuy qui vous honore, & a vn tres-veritable & tres-ardent deſir de vous teſmoigner que ie ſuis pour iamais,

MONSIEVR,

Voſtre tres-humble & tres-affectionné ſeruiteur
LA MILLETIERE.

A Paris ce dernier Nouembre 1634.

SECONDE LETTRE DE *Monsieur Riuet à Monsieur de la Milletiere.*

MONSIEVR,

Ie viens de receuoir vostre lettre & vostre escrit, & vous ay beaucoup d'obligation, tant de l'asseurance que vous me donnez de vos bonnes intentions & de la maniere en laquelle vous auez pris la mienne, que de la cõmunication de ceste piece, laquelle ie desirois fort voir, nonobstant les extraits que i'en auois desia veu. Ie suis de ceux qui ne iugent point du cœur de leurs prochains contre leurs protestations, & encore suis bien là logé, que vous auez vn bon but qui doit estre celuy de tous les gens de bien. Car qui n'aspireroit à l'vnité de l'Eglise, & à la reconciliation de tous les Chrestiens sous vn mesme chef duquel ils prennent le nom ? Mais ie suis aussi de ceux qui croyent fermement que c'est chose à desirer, non à esperer : & que le mal est venu au poinct, qu'il est impossible d'accorder Christ auec Belial, & le temple de Dieu auec les idoles. Et dauantage, ie tiens auec plusieurs autres les propositiõs que vous faites pour cela tres-pernicieuses (pardonnez moy si i'appelle les choses par leur nom) qui n'aboutiront iamais à vne reconciliation. Mais venant de la main d'vn personnage, *qui inter Euangelicos nomen profitetur suum*, feront prendre aux aduersaires des aduantages sur nous, sans que nous nous puissions preualoir de rien de leur costé : & nous obiecteront que nos propres freres nous condamnent, & approuuent les choses que plus nous detestons en eux. Vous promettez là dessus des explications & des preuues : Mais pardonnez moy encore, si ie vous dy que vous deuiez dõner cela deuant que prononcer si hardiment, & que vous auez fait comme ceux qui condamnent vn homme au gibet, & apres l'execution trauaillent au procez. Vous vous plaignez des iugemens qu'on fait de vous sur cela, & ie trouue que vous auriez grande raison de recognoistre la charité de ceux qui apres ce coup esperent encore bien de vous, & l'attribuent plustost à vn egarement de vostre esprit en cela, qu'à vn mauuais dessein. Appellez-vous vne desfiance subite & vne humeur prompte à condamner, le iugement des fideles sur des propositions telles, presentees à vn personnage de la qualité de celuy auquel vous les addressez : & la promesse que vous luy faites de nous mettre tous en ceste creance, laquelle ne peut estre prise ny par luy, ny par nous, en autre sens que celuy que luy-meſme & ceux qui ſentent auec luy, donnent à vos propoſitions? Car ſi vous en apportez vn autre, il ſe mocquera de vous, ou vous tiendra pour vn mocqueur. Penſez-vous que tout ce que la charité croit, ſe doiue eſtendre iuſques aux propoſitions contraires à la foy manifeſtement, quand elles ſont faites par vn homme qui aſſeure hardiment qu'il les prouuera veritables? Ceſte charité renuerſeroit ſon fondement. Mais vous proteſtez que vous ne voulez pour choſe quelconque quitter noſtre communion. Et comme par charité ie le veux prendre par la bonne anſe, en d'autres auſſi la prudence Chreſtienne peut trop iuſtement ſoupçonner, que vous ne pouuiez ny deuiez autrement parler, pource que ſans cela, & poſant que vous euſſiez deſſein de la quitter, vous rendiez tout voſtre ouurage inutile, & dés lors tenu pour Papiſte, eſtiez iuſtement suspect, & vos propositions reiettees. Et c'est sur cela que des personnes de merite ausquels l'Euangile n'a non plus donné de pain qu'à vous, m'ont parlé & escrit de ceste banqueroute, laquelle vous auez prise au pied leué, comme si personne ne faisoit banqueroute à la verité, sinon celuy qui auparauant en auroit fait banque. C'est estendre la similitude trop loin : Et de cela ie croi que personne ne vous accuse, si ce n'est que quelqu'vn le prenant spirituellement, apprehende que vous n'ayez mal fait profiter le talent que vous auiez receu du maistre. Il est vray que vous auez beaucoup souffert, & auez suiui vn chemin espineux : mais vous sçauez qu'il y en a qui donnent leur corps pour estre bruslé, & ne sont rien, assauoir s'ils commencent par l'esprit, & acheuent par la chair. I'espere meilleures choses de vous, & plus conuenables à salut. Mais quelque reflexion que ie face sur vos theses, mesmes encores à present, apres vous auoir ouy, ie n'en puis tirer aucune consequence qui ne me face horreur. Vous dites qu'ils se pouuoyent representer sur celles de la primauté de S. Pierre, au moins cet hõme ne parle ny de puissance vniuerselle, ni de monarchie: & moy au contraire, ie vous di que promettant à vn Cardinal de nous mener à luy en ces poincts, on n'a peu conclure autrement, sinon que vous approuuez l'vne & l'autre. Ie di encore que la these en soy emporte la puissance vniuerselle: car ie ne puis prendre autrement ce que vous dites si expressement, *Christum in primatu Petro concesso perpetui Ecclesiæ regiminis causam potissimum spectasse:* & que *Pontifex Romanus in Ecclesia regenda meritò Petri successor habetur.* Car qui ne croira que vous parlez là de l'Eglise vniuerselle? & cela n'emporte-il pas puissance vniuerselle?

Les mots sont signes des conceptions: Ou il ne le faut pas dire ny escrire, ou il ne faut pas trouuer mauuais si on croit qu'vn homme tient pour veritable ce qu'il escrit estre tel: On luy feroit tort autrement. Pour les autres theses ie n'en voy aucune qui ne nous mene dans le plus raffiné Papisme: encore ne crois-ie pas qu'il se trouue beaucoup de doctes Papistes qui vueillét souscrire à celle en laquelle vous dites, *Corporalem communionem qua corpora nostra corpore & sanguine Christi fruuntur, primariam causam esse communionis eius qua animæ nostræ spiritus Christi fiunt participes.* Cela me semble si hors de raison, que ie m'estonne comme vous l'ayez peu conceuoir. Car en la vie spirituelle & eternelle l'esprit tire le corps à soy, non le corps l'esprit, au contraire de la vie temporelle. En somme i'estime que vous ne trouuerez entre ceux qui veulent persister en nostre communion, vn ſeul qui ſoit de voſtre aduis, & que vous auez tort de nous demander ſur ces choſes vne ſuſpenſion de iugemens. Ce n'eſt point aſſez qu'en l'Euchariſtie vous n'affermiez point qu'vn corps peut eſtre en deux lieux, & que des accidens peuuent demeurer ſans ſuiet: il y en a d'autres qui le nient formellement auec nous, & qui poſent des maximes touchant le corps de Chriſt, plus dangereuſes que ceſte chimere. I'aduouë, Monſieur, qu'il y a difference entre croire par couſtume & par raiſon : Mais ie ſçay auſſi qu'il y a de l'imprudence tres-grande à croire ſans raiſon & contre raiſon : en quoy ie ne ſepare point la parole de Dieu de la raiſon, laquelle en ces choſes m'eſt pour toute raiſon. Si vous en donniez par elle auſquelles ie ne peuſſe reſiſter, la paſſion ne s'y oppoſeroit pas : ie les embraſſerois auec paſſion. Mais ie crains que *apud te ſola perſonet ve-*

ritatis pollicitatio pour ce regard. Ie ne iuge point de vos penſees : mais ſi elles ſont autres que vos theſes, quand vous les aurez expliquees, ie pourray bien eſtre des premiers qui diront, Les penſees de ceſt homme ſont bien eſloignees des theſes qu'il a propoſees. Et certes, Monſieur, ce ſera le meilleur que vous en eſloigniez vos penſees, & que vous ne vous flattiez point en vne opinion qui ſera vaine, de pouuoir approcher des choſes ſi eſloignees. Il vous en arriueroit comme à d'autres qui ſe ſont trouuez entre le ciel & la terre, & n'ont tiré gré ni d'vne part ni d'autre. Ie ne puis que ie ne m'en formaliſe pour vous, vous aimant & honorant comme ie fais. Et me fait grād mal, apres vous auoir veu courir au chemin de la verité, de vous voir & ouïr en vne autre lice, & parler vn langage ſi eſtrange. Ie ſçai bien que tout ce que ie vous pourrois eſcrire eſt peu, ou rien, au prix de ce que vous pouuez mieux entendre où vous estes. Mais neantmoins ie ne me puis taire, & mon desplaisir rompt mon silence, mesmes enuers vous : mais sur tout enuers Dieu, lequel ie prie qu'il ne permette point en vous l'extinction de ses dons, mais qu'il renouuelle son Esprit en vous, pour vous dessiller les yeux, & vous faire apprehender l'horreur de ce precipice au bord duquel vous vous trouuez, & où vous faites fort de nous attirer. Dieu nous en garde, & vous en destourne. Ie l'espere de sa bonté, pource que ie n'ay nulle opinion que la malice ait peruerti vostre cœur, & seray tousiours du plus entier du mien,

MONSIEVR,

Vostre tres-humble & tres-affectionné seruiteur

ANDRE' RIVET.

De la Haye ce 12. Decembre 1634.

RESPONSE.

MONSIEVR,

Voſtre ſeconde lettre ne m'a eſté moins agreable que voſtre precedente, y remarquant tout de meſme l'impreſſion de l'affection dont vous m'honorez, par la perplexité que ie recognois par tout voſtre ſtyle & voſtre diſcours de l'euenement de mon deſſein. Sur quoy ie vous diray, que ſi vous cognoiſſiez les moyens, vous ſeriez en auſſi grand repos que vous en conceuez de peine & d'apprehenſion d'inconuenient. Ie ne tarderois gueres à vous en tirer, ſi ie n'eſtois obligé par diuerſes raiſons neceſſaires de ne ſatisfaire aucun particulier ſur ce ſuiet pluſtoſt que le general, ce que Dieu aydant ie feray le plus diligemment qu'il me ſera poſſible. Et cependant ie vous diray que vous ne ne deuez craindre qu'il m'aduienne de tromper ni l'vn ni l'autre des partis, aúſquels i'ay fait eſperer l'eſclairciſſement d'vne verité, laquelle recognue ſera que tous les Euangeliques affirmeront de bon cœur, & vous le premier, toutes les propoſitions que i'ai couchees par eſcrit ſans equiuoques. Car elles ſont vrayes toutes d'vne verité neceſſaire : & pour celles qui concernent le Sacrement de l'Euchariſtie tres-ſalutaires. A la verité les conſequences que nous en tirons contre les Catholiques, pour les combattre par abſurdité, contiennent des propoſitions fauſſes & abſurdes. Auſſi n'y a-il point de Catholique qui ne vouluſt eſtre deſchargé de l'obligation de les defendre, comme ainſi ſoit que quand ils viennent aux priſes auec nous ſur ceſte controuerſe, ils defendent bien & hardiment toutes les propoſitions que i'ay couchees, ſoit par la raiſon des paroles du Seigneur, ſoit par l'authorité des Peres, qui parlent ce meſme langage. Mais quand ce vient à ces autres conſequences, ils ne trouuent plus rien ni en l'Eſcriture, ni dans les Peres qui les ſecoure. La raiſon eſt que ces conſequẽces naiſſent d'vne hypotheſe fauſſe qu'eux & nous accordons & preſuppoſons communement pour veritable. C'eſt l'endroit où il eſt beſoin de l'eſclairciſſement que i'ay promis, & que la verité fera l'accord, du moins ſi autre intereſt ne l'empeſche, ou elle mettra fin à toute raiſon & apparence de diſpute en ceſte matiere. C'eſt ce que vous deuez attendre, Dieu aydant, de l'euenement de mon proiet. Or comme les Catholiques deuroyent eſtre bien contens de n'auoir plus à ſouſtenir des propoſitions qu'ils recognoiſſent ne ſeruir de rien à la matiere, & où eux-meſmes ſe iugent deſtituez de tout ſecours, que de la ſeule ſubtilité, où la neceſſité a ietté les Scholaſtiques, ennuyeuſe & odieuſe à toute perſonne de bon ſens, auſſi les Euangeliques de noſtre confeſſion ne deuront pas eſtre marris, quand par l'eſclairciſſement de la verité que i'ay promis, & en ſuite par l'approbation des theſes que i'ay propoſees, ils ſe verront hors de la peine qu'ils ont iuſques icy à ſe defendre contre trois ſortes d'argumens que font nos aduerſaires, à quoy nul des noſtres n'a iamais ſatisfait, & ne le pouuons auſſi ſelon noſtre hypotheſe de la ſeule communion à la chair de Chriſt par la foy. Car par là il s'enſuit premierement, ſelon la definition que nous donnons de ceſte communion, que nous eſtabliſſons en ce que l'eſprit de Chriſt qui entre & habite dedans nous, eſt receu par foy & repentance: il s'enſuit, di-ie, que communiquer à l'eſprit de Chriſt, eſt la meſme choſe que communier à la chair: & par conſequent que quand Chriſt a parlé de ſa chair il a entendu ſon Eſprit, qui eſt donner à ſes paroles vn ſens plein d'illuſion & indigne de ſa ſageſſe, ſi quelqu'vn veut admettre quelque diſtinction entre la communion à l'eſprit de Christ & la communion à ſa chair, qu'on le ſomme de l'expliquer, il ſe trouuera court: & tout ce qu'il dira de l'vn reuiendra touſiours à ce qu'il dira de l'autre. S'il appelle noſtre communion à la chair de Chriſt, l'acte de la grace par laquelle noſtre foy reçoit de la miſericorde de Dieu ſelon ſes promeſſes, la remiſſion de nos pechez & la vie eternelle, qui nous ont eſté meritees par le crucifiement de ceſte chair: premierement l'acte de ceſte grace ne peut eſtre diſtingué de la participation à l'eſprit de Chriſt, par laquelle nous ſommes vrayement mis en poſſeſſion de ſes benefices. Secondement ceux qui parlent ainſi, confondent le fruict de la communion à la chair de Chriſt auec la communion meſme. Car tout ce que nous a merité le crucifiement de ceſte chair, eſt le fruict que nous tirons de la communion à icelle, ſelon l'expreſſe ſentence du Seigneur, *Qui mange ma chair a vie eternelle.* L'vn eſt le fruict de l'autre confondus neceſſairement par tous ceux qui n'admettent autre communion à Chriſt que par la ſeule foy. Vous ſçauez, Monſieur, que le bon & bien-heureux Caluin, preuoyant ceſte conſequence, & taſchant de s'accommoder au plus prés qu'il pouuoit de la doctrine de Luther, a fait ce qu'il a peu pour eſtablir vne diſtinction entre croire & entre manger la chair de Ieſus Chriſt : ce qui toutesfois n'a abouti qu'à vn enueloppement de langage qui ne definiſſoit & n'eſclairciſſoit rien, retombant apres vn long circuit à dire que c'eſt vn myſtere ineffable, & qui ne ſe peut comprendre. Il euſt donc autant valu n'en parler point du tout, que d'en parler pour ne l'expliquer point & pour ne le faire entendre à personne. Aussi n'a-il iamais peu faire gouster ce qu'il en a dit aux Eglises qui auoyent receu la doctrine de Zvvingle, & ne se trouue quasi aujourd'huy aucune de nos Escholes & de nos chaires, qui l'admette: tous reuenans à la maniere d'enseigner de Zvvingle, qui veut que croire & manger la chair de Christ soit vne mesme chose. Le second argument est que par la seule communion par la foy & spirituelle est aneantie toute la raison de l'institution du Sacrement en laquelle on ne peut apperceuoir selon cette hypothese aucune raison conuenable à la sagesse de Christ. Pource que la foy reçoit en la parole de l'Euangile preschée l'obiect tout entier qu'elle cerche pour la communion spirituelle, comme nous le confessons tous. Ainsi l'adionction du pain &

du vin mangez & beus n'y peut rien contribuer dauantage, & par consequent seroyent inutiles selon cette hypothese, qui est chose indigne de la sagesse de Christ, qui les a instituez, & qui ne fait rien en vain. Nos defenses contre cela ne sont rien du tout. Car de dire qu'ils ont esté adioustez à la fin, que par l'action visible nostre foy est confirmée en la mesme chose qu'elle reçoit par la parole intelligible, c'est dire moins que rien. Car la manducation du pain & du vin, & toute la ceremonie d'icelle ne peut auoir en ceux qui y participent aucune raison ni obiect de la fin à laquelle on veut qu'en cette maniere ils soyent destinez, c'est à dire de la communion spirituelle, qu'autant qu'ont desia de cognoissance & de foy ceux qui les reçoiuent. Ils ne confirment donc point leur foy: Car tout ce qui reçoit toute sa vertu & sa raison de quelque chose ne peut estre vertu ni c ause de subsistance pour la chose mesme. Aussi n'y a-il hōme qui examine sa propre cōscience, qui die qu'il croit mieux & dauantage que Christ est mort pour nous & nous a rachetez de la malediction, lors qu'il prend le pain & le vin de la Cene, où apres l'auoir pris, qu'il le croyoit ayant auparauant ouy la predication de l'Euangile. Tout de mesmes est ce qu'on dit, que les Sacremens sont des seaux adioustez à la parole pour la confirmer. Car la manducation du pain & du vin ne peut tenir ce lieu selon l'hypothese de la communion par la seule foy. La nature des seaux est telle, que la patente, à laquelle ils sont apposez, n'a aucune vertu ni effect pour laquelle elle est destinée que lors qu'ils y sont adioustez. Mais nous recognoissons que pour la manducation par la foy, la parole a sa vertu & son effect tout entier sans que la manducation du pain & du vin y ſoit adiouſtée. Elle n'eſt donc point ſeau de la parole. Auſſi iamais n'eſt-elle ainſi appellée dans l'Eſcriture, & ce nom ne luy peut conuenir en façon quelconque. Ce que pour l'authoriſer on ſe ſert de l'exemple de la circonciſion appellée ſeau par l'Apoſtre, ruine l'intention de ceux qui s'en ſeruent. Car cette marque exterieure eſtoit bien veritablement ſeau de l'alliance temporelle, pource que nul ne pouuoit ſans icelle eſtre heritier, comme race d'Abraham en la terre promiſe. Mais en l'alliance ſpirituelle le ſeul Sainct Eſprit eſt appellé ſeau en toute l'Eſcriture, non aucune choſe periſſable & temporelle en la participation à icelle. Ainſi on ne peut ſelon l'hypotheſe de la communion par la ſeule foy, rendre aucune raiſon de l'inſtitution du Sacrement, conuenante à la ſageſſe de Chriſt & à la neceſſité de les inſtituer. Et c'eſt la cauſe pour laquelle les Catholiques & Luther auec eux nous appellent Sacramentaires, comme deſtruiſans & aneantiſſans ſelon noſtre hypotheſe de la ſeule cõmunion par la foy toute la raiſon de l'inſtitution du Sacrement. Dequoy pour en parler naïuement & ſinceremẽt nous ne pouuons pertinemment nous defendre. Le troiſieme genre d'argument eſt celuy qu'ils tirent des paſſages des Peres, qui diſtinguent formellement la communion qu'ils appellent naturelle, reelle & corporelle, d'auec la communion par la ſeule foy, comme des autres lieux où ils parlent de communiquer à la chair du Seigneur corporellement & charnellement, & de l'auoir en noſtre corps & en noſtre chair : & non ſeulement ſpirituellement en noſtre ame. Vous ſçauez par cœur, Monſieur, les lieux de Sainct Hilaire, & de Sainct Cyrille d'Alexandrie & autres, à quoy nul des noſtres n'a iamais donné de ſolution, qui s'accorde, ny auec les paroles, ny auec le ſens de ces Peres. Car ce que quelques vns de nos derniers eſcriuains ſe ſont ſeruis d'vne explication fondée ſur l'opinion qu'ils attribuent aux Peres, d'auoir creu que le pain & le vin du Sacrement par la conſecration ſont remplis de la meſme vertu qui eſt en la chair & au ſang de Chriſt, & par là faits equiualens de la chair & du ſang de Chriſt meſme, & pour raiſon dequoy ils en ont auſſi le nom, c'eſt vn poure recours pour noſtre cauſe. Car par ce moyen nous faiſons touſiours les Peres (à la croyance deſquels nous profeſſons d'adherer dans les quatre premiers ſiecles) autheurs de la neceſſité de communiquer corporellement & charnellement, ou à la chair & au ſang de Chriſt, ou à l'equiualent de la chair & du ſang de Chriſt meſme. Sur quoy on nous peut demander à bon droit, pourquoi nous estimõs que les Peres ayans creu la necessité de cet equiualent, auroyent fait difficulté de croire que Dieu nous donne la propre chair & le propre sang de son Fils à manger par la bouche, plus que de faire le pain & le vin par l'infusion de ceste vertu equiualens de la chair & du sang, afin qu'estans mangez par la bouche ils nous sanctifient. Car d'alleguer des absurditez qui s'ensuiuroyent de la presence de la propre chair & du propre sang, il n'y en a pas de moindres en cest equiualent si on le presse. Et au bout du conte les paroles de Christ font plus pour la premiere pensee que pour la seconde. Et quoy qu'il y ait, c'est tousiours le pareil aduantage pour les Catholiques & contre nous. Pour les Catholiques en ce que par cette raison subsiste la necessité de communiquer à Christ selon l'intention de son institution, par

par vn contact physique & corporel, & de receuoir par la bouche cela mesme qui nous sanctifie, qu'il appelle sa chair & son sang. Contre nous, pource qu'ainsi la seule communion par la foy n'est plus celle que nous auons au Sacrement, ni la seule necessaire pour nous sanctifier. Et à vray dire entre croire la manducation de la chair & du sang de Christ par la bouche & cest equiualent ie n'en irois pas du banc au feu. Et ne pense pas que personne peust dire que le choix de l'vn à l'autre valust la peine de se diuiser. Autrement cela nous meine à la necessité de cõfesser, ou que nous serions diuisez des Peres des quatre premiers siecles qui croyoyent ainsi, ou que nous auons tort de nous diuiser des Catholiques d'auiourd'hui sur le Sacrement de l'Eucharistie. Apres cela, Monsieur, voyez que c'est d'estre amoureux de nos opinions. Car ceux qui escriuent des gros volumes ſur ceſte matiere, qu'ils empliſſent de ces belles inuentions, croyent auoir fait beaucoup pour noſtre cauſe: que ſera-ce s'ils rencontrent des gens qui les ſçachent mener par le chemin où le bon ſens les peut conduire? Or ie vous eſcri ceci librement, afin qu'eſtant amateur de la verité, comme vous eſtes, vous iugiez & cognoiſſiez maintenant plus clairemẽt, que vous ne deuez point auoir mauuaiſe attente du deſſein d'vn homme qui veut deſembaraſſer noſtre cauſe de toutes ces opinions, ce qui ne ſe peut que par la claire intelligence de la verité, qui dõne vne ſubſiſtance tres-certaine, tres-euangelique, tres-conſolatoire & tres-ſalutaire à toutes les propoſitions que vous liſez en mon eſcrit ſur ce ſuiet, & ſur leſquelles vous dites que vous ne pouuez encores faire de reflexion qui ne vous face horreur. C'eſt l'hypotheſe fauſſe que vous auez en l'eſprit qui vous donne cest ombrage. Ie vous l'en tireray, Dieu aydant, & à tous autres, & ce par preuues tres-claires de la parole de Dieu, lesquelles ie suis bien asseuré que vous embrasserez auec passion, cõme le promettez. Et qu'en suite vous me continuerez de bon cœur ceste mesme affection que vous auez à m'aimer, comme ie feray toute ma vie celle de vous honorer & cherir, & de me dire à iamais,

MONSIEVR,

Vostre tres-humble & tres-affectionné seruiteur
LA MILLETIERE.

A Paris ce 23. Decembre 1634.

TROISIEME LETTRE DE Monsieur Riuet à Monsieur de la Milletiere.

MONSIEVR,

Ie voy bien que vostre persuaſion eſt trop forte, & voſtre deſſein trop formé, & voſtre engagement trop auant pour ceder aux auis de vos freres & amis. Mais la mienne n'eſt pas moins forte, & à mon auis mieux fondée, pour demeurer en ceſte creance que vous n'atteindrez iamais le but que vous dites vous propoſer, & n'en ſortirez pas auec honneur. Vos dernieres m'y confirment encore, & me font voir que c'eſt perdre peine d'en conferer dauantage auec vous, puis que vous ne trauaillez maintenant qu'à deſtruire, non à edifier, & ne vous voulez pas ouurir ſur les moyens que vous dites auoir de contenter les parties. Auſſi certes vous eſt-il impoſſible, demeurant és termes de vos theſes, & par l'eſchantillon que vous me donnez ſur le poinct de la manducation corporelle, ie ne puis voir autre choſe, ſinon que au fonds vous eſtes Papiſte, & prenez en main la cauſe de ceux que vous appellez Catholiques abſolument, qui eſt deſia vn teſmoignage de voſtre ſyncretiſme auec eux, & pretendant de fortifier trois de leurs principaux argumens, vous nous allez donner vne nouuelle doctrine des Sacremens en general, & de la nature de la foy, par où ie preuoy que vous allez, ſelon voſtre pouuoir bouleuerſer de fonds en comble toute la ſtructure de la Theologie enſeignee parmi nous. Neantmonis tout ce que vous gaignerez, c'eſt qu'on verra qu'vn homme qui ſe dit demeurer en noſtre communion n'aura rien de commun auec nous : & ſi vous ne vous expliquez mieux en voſtre grand œuure, nous ne pouuons eſperer ceſte clarté que vous nous promettez, & ſe trouuera aſſez de gens qui feront voir à d'autres, ſi vous ne le pouuez apperceuoir, que vous n'auez entendu ni la doctrine de nos Egliſes en ce poinct, ny celle des Peres, & tireront plus d'abſurditez de vos nouueaux & iusques ici incognus moyens, que vous n'en pretendez en la doctrine des Transsubstantiateurs, ou des Consubstantiateurs, ou de la nostre, tãt que vous voudrez en ce poinct commencer par la chair, & acheuer par l'esprit. Car ie sçai que vous ne pouuez nous dõner vne manducation reelle par laquelle *corpus & sanguis Christi corpore ipso corporaliter accipiatur à fidelibus*, comme vous parlez, qu'elle ne leur puisse estre cõmune auec tous les communians exterieurement, quoy qu'infideles occultes & contempteurs de Dieu, cõme aussi vous le confessez en vostre quatrieme these: & ne puis m'imaginer comment vous pouuez par autre moyen que par la transsubstantiation nous dõner vne vraye & reelle mutation du pain & du vin au corps & au sang de Christ, par laquelle au lieu de pain & de vin (qui par consequẽt ne seront plus) nous prenions ce corps

& ce ſang vrayement & reellement, c'eſt à dire, cõme vous vous expliquez, corporellement. Et c'eſt là où i'ay plus de raiſon de dire, qu'entre croire la tranſſubſtantiation des Papiſtes, & ce que vous enſeignez de ce changement, ie n'en irois pas du banc au feu. Au reſte niant abſolument, comme vous faites, que par la foy nous ayons communion à la chair de Chriſt, vous l'oſtez à tous ceux qui ou par le defaut de l'aage, ou par autre inconuenient meurent ſans participer au Sacrement, leſquels ne pourront auoir de vie en eux ne mangeans point la chair & ne beuuans point le ſang de Chriſt, s'ils ne le peuuent manger & boire par la ſeule foy. Il ſe trouuera d'autres inconueniens innombrables, par leſquels vous verrez, ou d'autres moins preoccupez, que vous ſerez bien eſloigné de voſtre conte. Il me faudroit faire vn liure dés à preſent pour deſuelopper tout l'embarras de ceste preuarication auec les Papistes, en laquelle vous leur donnez gagné en trois sortes d'argumens qu'ils font contre nous: & cela ne pourroit pas estre compris en vne lettre. Puis que vous pretendez que nul des nostres n'y a iamais satisfait, à vostre esgard, ie ne presume pas de le pouuoir faire. Mais quant à moy ie suis pleinemẽt satisfait de ce qu'ils m'en ont appris par la parole de Dieu: & ne voy pas ce que vous voyez, que ce soit donner aux paroles de Christ vn sens illusoire & indigne de sa sagesse, si nous disons que par l'esprit de Christ nous auons cõmunion auec sa chair & son sang. Car il ne s'ensuit pas de là, comme vous inferez, que Christ par sa chair ait entendu son Esprit, mais qu'il a entendu sa chair morte pour nous & son sang espandu pour nous, desquels il nous fait participans par la participation que nous auons auec son Esprit qui n'en peut eſtre ſeparé. Et en l'explication de cela il n'y a point de quoy ſe trouuer court. Et ainſi nous ne confondons point, comme vous ſuppoſez mal, le fruiɛt de la communion auec la communion meſme, nous les diſtinguons cõme la cauſe & l'effect, mais nous les conioignons inſeparablement. Caluin n'a point eu de peine à faire diſtinɛtion entre croire & manger la chair de Chriſt, & n'a point eu autre ſentiment que Zvvingle ſur cela, quoy que vous diſiez, comme il eſt aiſé à prouuer par les eſcrits de l'vn & de l'autre. Mais il a bien ſceu diſtinguer les aɛtes de la foy qui regardent l'intelligence ſeulement d'auec ceux qui ſont conioints auec l'aɛte de la volonté, & l'application interieure d'vn chacun fidele enuers ceſt obieɛt, non ſeulement propoſé cõme veritable en ſoy, mais cõme bon & receuable par nous. Que ſi Caluin a quelquesfois parlé de cela comme d'vne chose inexplicable, il ne l'a pas entendu absolument, mais selon la dignité & excellence de la chose, comparee à la foiblesse de nostre entendement. Quant à l'vtilité des Sacremens, nonobstant la vertu & l'efficace de l'Esprit en la parole seule, il n'y a rien si aisé qu'à dire que nos defenses sur cela ne sont rien du tout. Neantmoins elles sont telles que vous ne les effleurez pas seulement: & vous vous trompez de dire, qu'on ne croit pas mieux ou dauantage par l'vsage du Sacrement, si vous prenez ce mieux à l'esgard des degrez de croyance applicatiue. Car autrement aussi ne faudroit-il point nous repeter la predication de l'Euangile apres l'auoir vne fois ouïe & receuë. Mais les Sacremens ont cela de propre, qu'ils nous portent à vne application speciale de la chose creuë & receuë, auec analogie au fruict singulier que nous en tirons, naissans spirituellement &

eſtans ſpirituellemẽt nourris & ſubſtantez à vie eternelle. Ce que vous niez que nos Sacremẽs ſoyent ſeaux, a auſſi eſté nié par Bellarmin, mais aduoüé par Gregoire de Valence. Et vous ne deſtruiſez pas cela en diſant que la parole a ſon effect ſans cela : car auſſi la grace accordee par la ſeule parole du Roy a ſon effect en ma creance ſans le ſeau, mais outre ce que le ſeau la confirme aux autres, il donne le moyen à celuy qui l'a receu de s'en preualoir plus auantageuſement. Vous reſpondez mal à l'argument tiré de la circonciſion appellee ſeau par S. Paul, rapportant cela à l'alliance temporelle de laquelle elle eſtoit marque exterieure. Car l'Apoſtre l'appelle expreſſement ſeau de la iuſtice de la foy. Or la iuſtice de la foy n'eſt pas d'vne alliance temporelle. Par ainſi il nous ſera aiſé, ſans que la chair de Ieſus Chriſt ſoit miſe entre nos dẽts & des plus meſchans du monde materiellement, comme vous dites, à donner de bonnes raiſons de l'inſtitution des Sacremens pour ayder à noſtre infirmité, & marques de noſtre profeſſion Chreſtiẽne, comme propres aux domeſtiques de Chriſt. Quant à la doctrine des Peres, c'eſt vne choſe de longue haleine, & ceux deſquels vous ſoufflez en peu de mots les grands & doctes labeurs, ſe ſçauront bien defendre de vos conſequences, lors que vous aurez fait voir comme vous les ſçauez manier. Mais puis que vous nous remettez à la ſatisfaction que vous voulez dõner au public, il nous faudra attendre voſtre loiſir, & cependant tenir ferme ce que nous auons, afin que nul ne nous rauiſſe noſtre couronne. Et pleuſt à Dieu qu'il n'euſt point permis que vous euſſiez fleſtri la voſtre, & qu'elle ne paruſt point n'auoir eſté compoſee que de fleurs qui ſe fenent, & non de l'or & des pierreries de la parole de

Dieu

Dieu qui demeure eternellement. Mais le Seigneur est misericordieux, lequel bruslant vostre bois, foin & chaume, vous sauuera, s'il luy plaist, comme par le feu, afin que par la perte de vostre mauuais ouurage, vous soyez comme vn tison recoux, & que cela n'empesche pas vostre salut eternel. Ce que ie luy demanderay ardemment. Et quoy que ie ne puisse iamais approuuer vostre procedure, ni vos conceptions, ie ne lasseray d'estre toute ma vie,

MONSIEVR,

Vostre tres-humble & tres-affectionné seruiteur

ANDRE' RIVET.

De la Haye ce 15. iour de l'an 1635.

LETTRE DE MONSIEVR *Du Moulin à Monsieur de la Milletiere.*

MONSIEVR,

I'ay receu vostre liure, duquel la lecture m'a apporté vne grande triſteſſe. Vous ayant eſtimé hõme zelé à la cauſe de Dieu, & n'ayant faute d'inſtruction en la voye de ſalut, ie voy en voſtre liure tout le contraire de ce que ie croyois. Car vous y faites des propoſitions qui ne peuuent partir que d'vn hõme qui non content de s'eſtre deſtourné de la verité, taſche d'abondant à troubler nos Egliſes par des moyens d'accord, auſquels nous ne pourrions entendre ſans renoncer entierement à la doctrine de l'Euãgile, & nous ſoüiller d'idolatrie, & nous ſubmettre entierement à l'empire du Pontife Romain. Et pour comble de mal, vous parlez comme eſtant perſuadé que pas vn des noſtres ne contredira à vos propoſitions, & que chacun y apportera ſon approbation. I'eſtime que l'experience vous a deſia oſté ceſte opinion. Car depuis que voſtre liure eſt publié, ie ne penſe pas que vous ayez trouué entre nous vn ſeul approbateur, ains auez recognu que generalement voſtre deſſein eſt condamné, non ſeulement par les noſtres, mais auſſi par ceux de contraire Religion: Qui diſent que ce fardeau eſt trop peſant pour vos eſpaules, & qu'en vain vous promettez de faire vne choſe, dont les feux & les maſſacres, & toute la force & prudence des grands de ce monde n'a peu venir à bout. Car ſi vos propoſitions ſont receuables, il s'enſuit entierement que la Meſſe eſt bonne & ſaincte, & que ceux qui n'y vont point & ne s'aſſuiettiſſent point au Pape, ne peuuent eſtre ſauuez. Se ſont trouuez par cy-deuant des moyeneurs d'accord, qui pour s'inſinuer plus plauſiblement faiſoient faire à l'vne & à l'autre partie, vne partie du chemin, & eſtoient d'aduis que le Pape relaſchaſt certains poincts qui offenſent le peuple, comme eſt le retranchement de la coupe, le ſeruice en langue non entendue, l'adoration des images, les pardons de cent mille ans: & que le Pape s'abſtint de ces titres odieux de Dieu & Maieſté diuine, & de ſe faire adorer, & bailler ſes pieds à baiſer aux Rois, & de diſpoſer de leurs Couronnes: & que deſormais il ne ſe vante plus de pouuoir changer ce que Dieu ordonne en ſa parole, & diſpenſer contre l'Apoſtre: Se promettans que ſi le Pape pouuoit ſe relaſcher en ces choſes, nous ferions aiſement le reſte du chemin. Mais vous n'y allez pas ainſi. Car vous propoſez des moyens d'accord, ſans trouuer rien à reprendre en tout le corps du Papiſme, & ne propoſez rien qui y doiue eſtre changé. Ains vous nous obligez ſimplement & abſolument à renoncer à noſtre Religion, & à croire la Tranſſubſtantiation, & à receuoir le ſacrifice de la Meſſe, & à recognoiſtre le Pape pour chef de l'Egliſe Vniuerſelle, & ſucceſſeur de ſainct Pierre en ceste primauté. Au bout de tout cela faites des protestations de vouloir perseuerer en nostre Religion, c'est à dire d'estre des nostres en seruant au Pape, & en approuuant la Messe comme bonne & necessaire. Tenez cela pour constant que pendant que vous tiendrez ces maximes, toutes vos protestations de perseuerance seront prises pour mocqueries, ou pour vn moyen d'endormir & amuser ceux qui seroient capables d'estre trompez. Si vous eussiez esclos ce dessein extrauagant ailleurs qu'en la Court, & n'eussiez employé plus des trois quarts de vostre liure à descrire les louanges de Monsieur le Cardinal, on eust peu penser que c'est la conscience, ou faute d'intelligence en ces matieres qui vous a suggeré ces choses. Mais vostre liure n'estant qu'vn panegeric de louanges, en vn stile empoullé, par lesquelles vous louez vne personne dont vous briguez la faueur, il est aisé de reconnoistre que vostre dessein est de nous rendre odieux à son Eminence. Car sçachant que vos propositions seront generalement reiettées par les nostres, vous esperez que Mõsieur le Cardinal iugera de nous comme de personnes irreconciliables, & qu'il faut attaquer par autre moyen: Ou que vous ietterez parmy nous les semences de discorde, les vns enclinans, les autres contredisans à vos propositions. Or suis-ie asseuré que vous y trouuuerez vne resistence generale, & que continuant en vos procedures, vous encourrez la risée des vns, & l'execration des autres. Nous sçauons voirement que Monsieur le Cardinal est vne personne à laquelle tout bon François doit tout hõneur & obeïssance, comme au principal Ministre de sa Maiesté, & qui est auiourd'huy en l'Europe vn exemple incomparable de prudence & de vigisance & de magnanimité, entre les mains duquel prosperent les affaires du Royaume par vne singuliere benediction de Dieu. Lequel quand nous louerons, nos louanges seront creuës, pource qu'elles ne seront point mercenaires. Mais il est trop clair-voyant, pour n'apperceuoir point le but où vous visez, & ne cognoistre point que vous prenez mal vos mesures, pensant nous entrainer & nous faire changer de creance par vostre authorité. Car quand vous seriez aussi grād que vous estes petit, si est-ce que tout homme bien sensé a tousiours iugé que toute conference pour trouuer moyen d'accord est inutile. Pource que le Pape ne reçoit aucune conference ny communication s'il n'y preside. Que si quelque conference ou Concile se faisoit sans qu'il l'assemblast ou y presidast, la seule conuocation de telle conference despoüilleroit le Pape de son authorité. Et tousiours il se reserue la puissance de casser & annuller toutes decisions & conclusions prises en Concile sans son authorité. Ioint que c'est vne maxime fondamentale de la Religion Romaine, que le Pape & l'Eglise ne peuuent errer en la foy. Laquelle maxime on ne peut entamer, ni recognoistre qu'il y ait aucun erreur en la doctrine de l'Eglise Romaine, sans sapper les fondemens de ceste machine, & rendre tout le reste incertain : Celuy qui dit *Je ne puis errer*, est bien loin de moyenner vn accord. Mais si en la conference que vous proposez, le Pape y preside par personnes dependantes de son siege, ce seroit vne folie à nous d'en attendre autre chose que nostre condamnation. Toutesfois par vostre bel esprit vous auez trouué vn expedient excellent pour faire que ceste conference reüssisse, qui est que nous nous condamnions nous mesmes auant que d'y entrer. Cependant en ne proposant vos moyens d'accord que sur la Messe & sur la puissance du Pape, & ne declarant pas quel est vostre sentiment sur le Purgatoire, sur l'inuocation des Saincts, sur l'adoration des images & des reliques, & sur la puissance du Pape à deposer les Rois, vous vous rendez à bon droict suspect à l'Eglise Romaine. Car quand on sera entré en conference sur les moyens d'accord, peut estre que vous, qui serez assis entre les deux parties comme moderateur, vous declarerez contraire au Pape en ces poincts, & ferez receuoir vn affront à sa Saincteté. C'est pourquoy vous eussiez fait prudemment de publier vostre creance sur tous les poincts de nos controuerses, afin que vostre sentiment seruist de regle à l'vn & à l'autre parti. Me representant toutes ces choses en mon esprit, ie trouue en vous vn merueilleux changement. A esté vn temps que vous incitiez nos Eglises à violence, & par vos conseils precipitez auez attiré sur elles le courroux de leur Souuerain. Maintenant estant porté tout à coup à vne autre extremité, vous taschez de nous ietter en la seruitude de conscience, & vous faisant de feste sans aueu, taschez de faire parler de vous à nos despens, deschirant le ventre de vostre mere, & persecutant la Religion en laquelle vous declarez que vous voulez viure & mourir. Tout ainsi donc que i'ai tousiours improuué grandemét vos conseils turbulens, lesquels ont fait plus de mal à nos pauures Eglises que iamais le Pape ne leur en a fait auec toute sa puissance, aussi ne puis-ie m'empescher de condamner entierement vos propositions erronees & vos conseils qui ne tendent qu'à mal: & suis asseuré que les matieres de Theologie vous reüßiront aussi mal que les affaires d'Estat vous ont reüßi. Et ce Latin bouffi & entortillé, parsemé d'incongruitez dont vostre liure est tissu, nous est vn certain augure que tout cela ne sera que du vent, & se tournera en fumee. Toutes ces considerations, & la souuenance de nostre ancienne amitié m'a meu à vous representer ces choses, & à vous exhorter tant que ie puis, à ne laisser point deperir en vous la pieté & la crainte de Dieu que vous auez succee auec le laict, & dont ie pense auoir veu des marques en vous lors que i'estois à Paris. Ie voy bien que Satan est autour de vous pour vous perdre & pour nous troubler. Il faut que scandale aduienne : Mais malheur à celuy par qui il aduiendra. Dieu vous a deliuré de grands maux durant lesquels vous auez perseueré constamment en la profession de l'Euangile. Sera-il dit que l'air de la

Court ait fait en vous ce que n'a peu faire vne longue captiuité? & qu'estant sorti de ces espreuues, vous soyez emporté de vanité, taschant d'acquerir de la renommee au lieu de la louange? Pensez y, & apprehendez la iustice vengeresse de Dieu, qui cognoist nos secrettes intentions, & ne pardonnera point à celuy, qui estant vn des membres de son Eglise, prend plaisir à adiouster affliction à l'affligée, & s'esgaye parmi les ruines de sa maison. Dieu vous face misericorde, & vueille affermir vos pieds en ses sentiers, afin que vous acheuiez heureusement ceste course, plustost participant à l'opprobre de Christ, qu'au salaire d'iniquité. Vous prendrez, s'il vous plaist, mes exhortations en bonne part, comme procedantes d'vne personne qui souhaite vostre bien & salut, & qui vous ayant aimé & honoré, desire le faire encore cy-apres, & demeurer,

MONSIEVR,

Vostre tres-humble & tres affectionné seruiteur

DV MOVLIN.

De Sedan ce 9. de Ianuier 1635.

www.ingramcontent.com/pod-product-compliance
Ingram Content Group UK Ltd.
Pitfield, Milton Keynes, MK11 3LW, UK
UKHW021011180726
13838UKWH00004B/1518